CATALOGUE

D'UNE INTÉRESSANTE COLLECTION

DE

TABLEAUX

ANCIENS ET MODERNES,

DES ÉCOLES FLAMANDE ET FRANÇAISE,

DE DESSINS, ESTAMPES, MÉDAILLES

ET STATUES,

FORMANT LE CABINET

De feu M. le Duc de Larochefoucault-Liancourt.

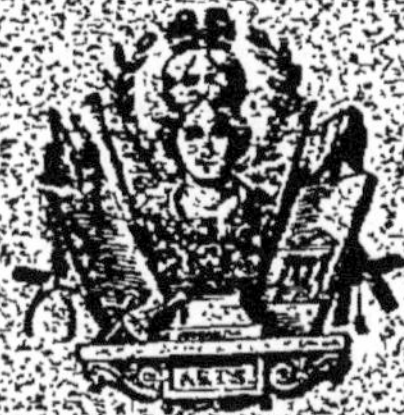

PARIS,

IMPRIMERIE DE A. CONIAM,

RUE DU FAUBOURG MONTMARTRE, N°. 4.

1827.

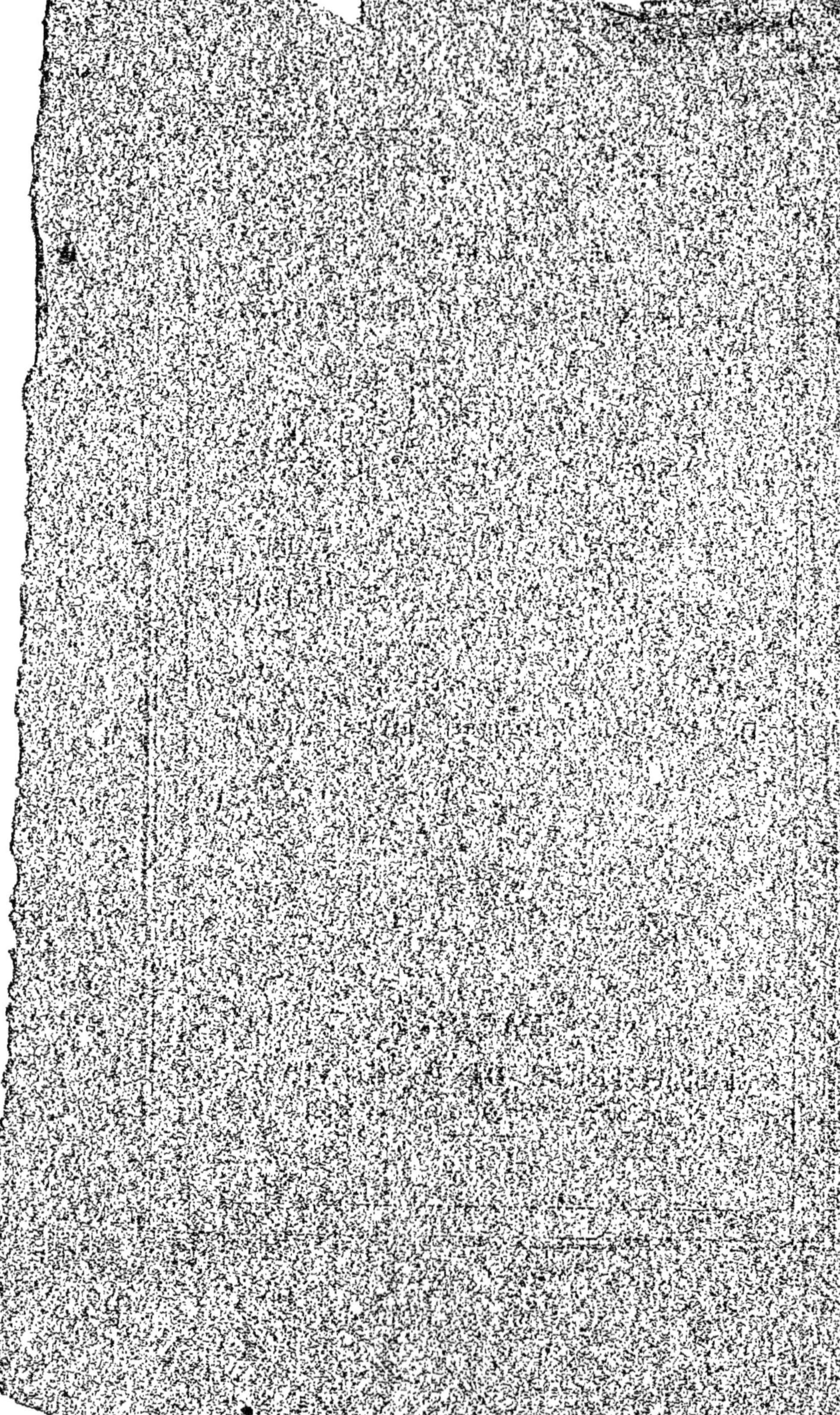

CATALOGUE

D'UNE INTÉRESSANTE COLLECTION

DE

TABLEAUX

ANCIENS ET MODERNES,

DES ECOLES FLAMANDE ET FRANÇAISE,

DE DESSINS, ESTAMPES, MÉDAILLES
ET STATUES,

FORMANT LE CABINET

De feu M. le Duc de LAROCHEFOUCAULT-LIANCOURT,

Dont l'Exposition publique aura lieu du 15 au 20 juin 1827,
et la vente aux enchères les 20, 21, 22 et 23 juin courant,
en sa maison, rue Royale, nº. 9,

Par le ministère de Mᵉ. BENOU, Commissaire-Priseur,
rue Taranne, nº. 11;

Avec l'assistance de MM. ROLAND, Marchand de curio-
sités, attaché au Cabinet du Roi, rue Saint-Honoré,
nº. 345, et LANEUVILLE aîné, Commerçant de Tableaux, rue de la Michodière, nº. 12;

CHEZ LESQUELS SE DISTRIBUE LE PRÉSENT CATALOGUE.

1827.

IMPRIMERIE DE A. CONIAM,
Faubourg Montmartre, n. 4.

AVERTISSEMENT.

Nous n'avons pas la prétentions de donner une note historique sur M. le duc de Larochefoucault-Liancourt, car il n'est point d'illustration plus légitime et plus honorable que la sienne. Quelle gloire que celle d'une longue vie passée dans l'exercice de la vertu, toute entière employée à des actes de bienfaisance privée et d'utilité générale! M. de Liancourt, qui favorisa toutes les industries, ne négligea ni les arts d'agrément, ni ceux qui les cultivent. Sa galerie de Tableaux en fait foi; on y trouve à côté de bons ouvrages du pinceau flamand des productions distinguées de notre école moderne, des H. Vernet, des Michalon, des Gudin, Dimasne, Leprince, Sweback, et tant d'autres. Cette vente ne peut manquer d'être le rendez-vous des amateurs de Tableaux, ainsi que des admirateurs des hautes vertus. Heureuses les personnes qui pourront acquérir de ces durables souvenirs du Duc de Larochefoucault-Liancourt !

AVERTISSEMENT.

Nous n'avons [illegible] à la présente de donner une [illegible] Vie du Duc de Larochefoucault-[illegible] esprit d'[illegible] plus [illegible] la science. Qu'elle [illegible] ne [illegible] pas le dans l'exer-[illegible] remarqué, à des êtes [illegible] général, M. de [illegible] toutes les industries, [illegible] ni ceux qui [illegible] au fait foi; [illegible] du pinceau [illegible] de notre [illegible] Les Michelon, [illegible] Des Loth, et [illegible] ne peut être [illegible] de Tableaux, ainsi que [illegible] les hautes vertus. Heureuses les personnes qui pourroit acquérir de ces du-rables souvenirs du Duc de Larochefoucault-Liancourt!

CATALOGUE

D'UNE INTÉRESSANTE COLLECTION

DE TABLEAUX,

DES

ECOLES FLAMANDE ET FRANÇAISE,

DE DESSINS, ESTAMPES, MÉDAILLES ET STATUES.

ÉCOLE ANCIENNE.

CASANOVE.

1. Ces deux tableaux représentent des batailles, où ce peintre a excellé pour la chaleur et la vérité de la composition.

H. 5 p.°, l. 12 p.°, s. b.

DIÉTRICK.

2. Un fumeur endormi près d'une table, sur laquelle sont un pot et un verre.

H. 7 p.°, l. 4 p.°, s. b.

(Hans) JORDAENS.

3. Le roi Pharaon est englouti avec son armée dans la Mer-Rouge, en poursuivant les Israélites.

H. 18 p.°, l. 24 p.°, s. b.

PIETERNEEF.

4. Ce charmant tableau représente l'intérieur d'une église de Hollande. Il est d'un précieux fini et d'une grande pureté de conservation ; la lumière, répandue avec art, donne à ce tableau un effet piquant.

H. 8 *p*°., *l.* 11 *p*°., *s. b.*

REMBRAND.

5. Ce beau tableau représente le portrait d'une jeune et jolie femme, dite la belle Juive de Metz. Elle est vue de face et appuie ses deux mains sur une corniche. Elle est vêtue d'un costume riche et sévère du temps, coiffée d'une toque de velours noir enrichie de broderies d'or. Une belle chevelure brune tombe négligemment sur ses épaules ; cette figure est dans l'ombre, une lumière douce et vaporeuse éclaire le visage et les mains, et fait valoir la demi-teinte et le clair obscur. Ce tableau, qui a été légué par testament de madame la comtesse Davaux, à M. le duc de Larochefoucault-Liancourt, a été regardé de tout temps dans les deux famille comme le tableau original de ce maître.

H. 38 *p*°., *l.* 29 *p*°. *s. b.*

(ABRAHAM) TÉNIERS.

6. Un intérieur où des paysans flamands sont occupés à jouer au trictrac.

H. 9 *p*°., *l.* 7 *p*°. *s. b.*

VANDERMINE.

7. Ce joli tableau représente une bacchante entourée

de faunes et de satyres qui jouent de différens instru-
mens. Le fini, le gracieux et la composition de ce tableau, le mettent au premier rang des tableaux de genre.

H. 18 p°., l. 14 p°., s. b.

(Pierre) NOUVERMAN.

8. Ces deux tableaux faisant pendans, représentent
des chocs de cavalerie.

H. 11 p°. 6 l., l. 15 p°., s. t.

(Salvator) ROSE.

9. Ce tableau représente un site montagneux, semé
d'arbres et de rochers, au milieu desquels s'échappe
un ruisseau. L'on voit sur le second plan trois voyageurs qui se reposent sur un monticule.

H. 34 p°., l. 42 p°., s. t.

M. ALAUX.

10. Ce tableau représente un site montagneux, au
bas duquel est une fontaine où une femme et une jeune
fille romaines viennent puiser de l'eau.

H. 26 p°., l. 21 p°., s. t.

PAR LE MÊME.

11. Deux tableaux faisant pendans, l'un représente,
sur le premier plan, une grotte au bord de la mer, d'où
sort un brigand Calabrois qui se dispose à partir pour
une expédition ; sa femme éplorée se jette à ses pieds et
cherche à le retenir. L'autre représente, dans le fond,
et au bord de la mer, une ville grecque, assiégée par des

Turcs ; sur le devant du tableau est un rocher, derrière lequel deux jeunes Grecques effrayées cherchent à se dérober à la vue d'une chaloupe turque, qui semble observer le résultat de l'attaque. Ces deux tableaux, d'une composition simple, sont riches de couleur et provoque un vif intérêt par leurs sujets ; ils font beaucoup d'honneur au peintre.

H. 27 *p°. l.*, 33 *p°. l.*

BOISSIEU (1769).

12. Ces deux charmans tableaux , du meilleur faire de ce maître, représentent un soubassement intérieur, dans lequel est un magasin de vins et autres marchandises ; sur le premier plan, un vieillard assis sur un tronc d'arbre , semble proposer à une jeune fille de partager sa soupe avec elle ; plus loin, une autre jeune fille s'occupe à filer et regarde dans le fond une vieille femme qui vient acheter du vin. L'autre représente l'intérieur d'une ferme où plusieurs paysans réunis causent ensemble sur le produit de la vente de légumes ; dans le fond , on voit un repasseur de couteaux. Ces deux tableaux sont d'un effet piquant et d'un précieux fini.

H. 10 *p°.*, *l.* 13 *p°.*

M. BOUTON.

13. Vue de l'intérieur du château de Foth Reangaie, où lord Melville vint annoncer à la malheureuse reine, Marie Stuard, sa condamnation.

H. 8 *p°.*, *l.* 6 *p°.*, *s. t.*

M. DEMARNE.

14. Ce délicieux tableau représente une petite fontaine gothique où des troupeaux de vaches et de moutons viennent s'abreuver. Un jeune villageois à genoux cherche à retirer une épine du pied d'une jolie fille. Plus loin un pâtre, appuyé sur une vache qui boit à la fontaine, semble les regarder ; ce joli tableau est je pense une des plus gracieuses compositions du maître et fait son éloge de lui-même.

H. 9 *p°.* 6 *l.*, *l.* 11 *p°.* 6 *l.*, *s. t.*

PAR LE MÊME.

15. Un jeune pâtre, portant sa petite sœur, traverse un gué, précédé de son troupeau ; son chien fidèle court près d'une vache pour l'empêcher de s'écarter.

H. 5 *p°.* 6 *l. l.*, 6 *p°.* 6 *l. s. b.*

M. DORCI.

16. Ce tableau représente un site montagneux que traverse une route ; au bas est un abreuvoir d'où sortent des chevaux que l'on vient de baigner ; un orage qui éclate dans le fond fait ressortir les premiers plans, éclairés par une lumière habilement distribuée.

H. 29 *p°.*, *l.* 36 *p°. s. t.*

PAR LE MÊME.

17. Ce tableau représente le haut d'un escalier, où une jeune fille fait signe à un messager de se presser de partir

pour ne pas être surpris, la lumière ménagée avec art donne un effet piquant à cette aimable composition.

H. 20 *p⁰*., *l.* 17 *p⁰*., *s. t.*

DROLING.

18. Ce joli tableau représente un intérieur de cuisine où l'on voit une jeune fille comptant sur ses doigts la dépense qu'elle vient de faire au marché. Les amateurs se rappelleront que Droling n'existe plus et qu'on ne peut trop apprécier ce maître.

H. 15 *p⁰*. *l.*, 12 *p⁰*., *s. t.*

FRAGONARD, père.

19. Deux esquisses de forme ovale ; l'une représente une mère faisant dire s'il vous plaît à son petit enfant, avant de lui donner du pain ; dans l'autre, faisant jouer son enfant sur un grand livre.

PAR LE MÊME.

20. Un paysage ; sur le premier plan, l'on voit une route sur laquelle passe un chariot tiré par un cheval blanc ; plus loin, sous de gros arbres, se reposent des moissonneurs ; ce tableau est fait dans le style de Ruisdeel et semble avoir été inspiré du champ de blé de ce grand maître.

H. 20 *p⁰*., *l.* 23 *p⁰*., *s. t.*

PAR LE MÊME.

21. Ce tableau représente une belle vache blanche au milieu d'une belle prairie ; dans le fond, l'on voit un pâ-

tre gardant un troupeau de vaches et de moutons au bord d'une rivière ; l'on voit, sur l'autre bord, dans le loin-tain, un château fort. Ce charmant tableau sera appré-cié des connaisseurs ; il est digne de Kobel.

H. 20 *p°.*, *l.* 23 *p°.*, *s. t.*

PAR LE MÊME.

22. Cette esquisse représente une allégorie, l'Amour fuyant devant le temps.

H. 16 *p°.*, *l.* 14 *p°.*, *s. t.*

PAR LE MÊME.

23. Ce joli tableau représente une jeune fille au déses-poir venant prier l'Amour de lui accorder un amant plus constant.

H. 19 *p^b.*, *l.* 23 *p°.*, *s. t.*

PAR LE MÊME.

24. Cette esquisse représente une jeune fille déso-lée d'avoir cassé sa cruche ; un jeune garçon, appuyé sur la fontaine, se moque d'elle ; l'Amour placé en haut de cette fontaine semble les observer.

H. 21 *p°. l.* 23 *p°.*, *s. t.*

GREUSE.

25. Deux Charmantes têtes de Greuse ; l'une dite l'Ecouteuse, et l'autre la Veuve ; ces deux précieux ta-bleaux seront sans doute appréciés par les amateurs, qui profiteront de cette occasion ; car les tableaux de ce maître sont rares, surtout de cette qualité.

H. 17 *p°.*, *l.* 14 *p°.*, *s. t.*

GÉRICAULT.

26. Cette esquisse est la première pensée que Géricault a mis sur la toile; quelle profondeur d'imagination! quel grandiose dans la composition; et combien déjà cette ébauche faisait alors deviner ce que serait le tableau original qui tient le premier rang parmi les plus grands maîtres de l'école française; pourquoi faut-il que nous ayons perdu cet habile artiste à la fleur de son âge.

H. 23 *p.*°, *l.* 29 *p.*°, *s. t.*

M. GUDIN, (1826).

27. Ce joli tableau représente une jetée sur laquelle est un vieux fort, où des gardes marines s'empressent de rentrer pour éviter l'orage qui se forme; une mer agitée fait craindre que deux bâtimens ne périssent avant d'avoir pu s'éloigner de la côte; les connaisseurs sauront apprécier le mérite de ce charmant tableau, surtout comme étant l'œuvre d'un grand maître qui promettait tant de talent, et qui depuis long-temps tient si bien parole.

H. 10 *p*°. 6, *l.* 16 *p*°., *s. t.*

LANEUVILLE, père.

28. Laneuville, père, qui a prouvé qu'il avait un talent rare, comme peintre de portraits, a voulu faire voir qu'il pouvait faire aussi des tableaux de genre; c'est dans cette intention qu'il a fait ce petit tableau dans le style de l'école flamande, qui représente l'inté-

rieur d'une auberge de village où des paysans sont occupés à boire.

H. 9 p°., l. 11 p°., s. b.

M. LANEUVILLE, fils, élève de M. BERTIN.

29. Ce tableau représente l'intérieur d'un parc.

H. 7 p°., l. 8 p°., s. t.

M. LE SAIN.

30. Ce joli petit tableau représente les ruines de
Pompeïa.

H. 7 p°., l. 10 p°., s. t.

M. LEMAITRE.

31. Ce petit tableau représente un paysage au soleil
levant ; sur le premier plan, sous un massif d'arbres,
est une fontaine où une femme lave du linge, et cause
avec un villageois, qui amène son cheval et une vache,
pour les abreuver. Ce joli tableau est dans le genre de
M. Demarne.

H. 6 p°., l. 8 p°., s. t.

LEPRINCE.

32. Ce charmant petit tableau représente une rivière
où un batelier est occupé à faire passer l'eau à des villageois ; sur la hauteur, on aperçoit plusieurs maisons.
C'est un morceau des plus frians du maître.

H. 6 p°., l. 9 p°., s. b.

PAR LE MÊME.

33. Ce joli tableau représente une fête de village, où ,

sur le premier plan, on voit un tir. Cette charmante production est une des plus piquantes compositions de Leprince, et que les connaisseurs sauront apprécier.

H. 12 p°., *l.* 15 p°., *s. t.*

MICHALON, (1815.)

34. Ces deux jolis paysages proviennent de la vente de notre célèbre tragédien Talma. L'un représente, sur le premier plan, un pont sur lequel passe une charrette; une fabrique borde la route qui descend au bord d'une rivière que l'on voit dans le fond; un orage semble se préparer. Dans le second paysage, sur le premier plan, sont des pêcheurs au pied d'un massif d'arbres. Une étendue immense de pays est terminée par une chaîne de montagnes; il règne sur ce beau site une vapeur lé-gère, que la chaleur du soleil n'a pas encore dissipée. Ces deux charmans tableaux sont d'une heureuse com-position et d'un effet piquant.

H. 9 p°., *l.* 12 p°., *s. t.*

MARTIN, élève de Vandermeulen.

35. Un général, du siècle de Louis XIV, semble donner des ordres à un écuyer qui amène un cheval.

H. 17 p°., *l.* 21 p°., *s. t.*

MICHEL.

35 *bis.* Ce tableau représente une vieille église de villa-ge; sur le premier plan est un abreuvoir où un villageois vient faire boire ses chevaux.

H. 14 p°., *l.* 17 p°., *s. t.*

OMEGAN (attribué à).

36. Ces deux charmantes productions de ce maître, représentent chacune un mouton et deux chèvres couchés sur le gazon. Les amateurs se rappelleront de la perte que nous venons de faire de ce vrai peintre de la nature, et de la valeur que ces tableaux auront dans l'avenir.

H. 5 po., *l.* 6 po., *s. b.*

PICOT, 1825. (Par M.)

37. Ce joli petit tableau est une répétition de celui que M. Picot a exposé au Musée, en 1820. Ce tableau, qui rentre dans la classe des tableaux du genre, est une des plus précieuses productions de ce maître, qui fait tant d'honneur à l'école française. L'Amour voyant arriver le jour, cherche à se dérober à la vue de Psiché, lors de son réveil, et s'empresse de quitter la couche où il vient de goûter le bonheur. Les amateurs sauront rendre justice à cette jolie production.

H. 15 p°., *l.* 19 p°., *s. t.*

PHELLIPPES, élève de DAVID. (Par M.)

38. Ce joli tableau représente le serment des Horaces, d'après David. Il a été fait sous les yeux et d'après les conseils de ce grand maître ; la pureté du dessin et le coloris rendent ce tableau précieux, surtout pour ceux qui désirent avoir une représentation exacte du beau tableau original. Les connaisseurs sauront rendre justice et apprécier le talent de l'auteur.

H. 21 p°., *l.* 27 p°., *s. t.*

ROBERT.

39. Ce tableau représente une forêt, au milieu de laquelle est un mausolée, qui semble être celui d'un ancien chevalier.

H. 20 p°., *l.* 16 p°., *s. t.*

M. ROHANE.

40. Ce joli tableau représente un corps de garde hollandais ; un officier assis près d'une table, tient entre ses jambes une jeune fille qu'il veut tenter en lui montrant de l'or ; dans le fond, des soldats s'occupent à boire, et ne font point attention à ce qui se passe près d'eux. Le fini et le gracieux de ce tableau le mettent au nombre des meilleures productions du maître.

H. 7 p°., *l.* 5 p°., *s. t.*

M. RICOIS, 1816.

41. Deux tableaux, faisant pendans et représentant des paysages ; l'un au soleil levant, et l'autre au soleil couchant. Il y a toute apparence qu'ils ont été faits d'après nature.

H. 13 p°., *l.* 18 p°., *s. t.*

PAR LE MÊME, 1818.

42. Deux autres paysages faisant pendans, aussi faits d'après nature.

H. 16 p°., *l.* 19 p°., *s. t.*

SWAGERS.

43. Deux paysages, faisant pendans ; sur le bord

d'une rivière, des pâtres gardent des troupeaux de vaches et moutons; dans le fond, l'on voit plusieurs petits bâtimens à la voile.

H. 14 p°., l. 12 p°., s. t.

M. THÉVENIN

44. Ce petit tableau représente deux petits savoyards, dont un joue avec un chien.

H. 11 p°., l. 14 p°., s. t.

SWAGERS, 1790. (Signé)

45. Sur le premier plan, l'on voit un étang au bord d'une route, sur lequel des canards se baignent; sur l'autre côté de la route est une chaumière, d'où sort une jeune fille qui donne à boire à un pâtre, qui passe avec son troupeau. De belles masses d'arbres embellissent ce joli paysage.

H. 12 p°., l. 16 p°., s. t.

SMITH.

46. Deux charmantes marines faisant pendans. Elles sont d'une grande finesse de touche.

H. 10 p°. 6l., l. 16 p°., s. b.

SWEBACK, 1822.

47. Ces deux charmans tableaux sont du meilleur faire du maître pour le coloris et la composition; dans l'un, dit le Charlatan, sur le premier plan, l'on voit un pierrot monté sur un tonneau, qui vante les effets miraculeux de l'eau qu'un charlatan vend et distribue à des villageois cré-

(18)

dules ; dans le fond , au pied d'une coline , quelques
maisons ; dans l'autre, dit le Moine, on voit un moine
prêchant la parole de notre divin sauveur, devant son
image, sur la Croix; des villageois et des voyageurs s'empressent de l'approcher, en témoignant la vive émotion
que ses paroles leur causent.

H. 8 p°. 6l. , l. 11 p°., s. t.

H. VERNET, 1820. (Par M.)

48. Ce joli tableau représente le soldat laboureur,
sujet allégorique ; un ancien soldat de l'ex-vieille garde
impériale rentré dans ses foyers après toutes les campa-
gnes finies, aide son vieux père à cultiver ses champs.
Cet épisode a été inspiré à M. Horace Vernet, par les vers
de Virgile, traduits ainsi par Delisle.

> Un jour le laboureur, dans ces mêmes sillons
> Ou dorment les débris de tant de bataillons
> Heurtant avec le soc leur antique dépouille ,
> Trouvera, sous ses pas des dards rongés de rouille ,
> Entendra retentir les casques des héros,
> Et d'un œil effrayé contemplera leurs os.

H. 19 p°., l. 16 p°. 6l. , s. t.

49. Ce tableau (dit l'enfant du régiment), représente un grenadier de la vieille garde, dans la grande
tenue des dimanches ; il est assis près d'une table où
sont tous les restes d'un diner ; il joue avec un enfant
qui veut lui arracher les moustaches ; plus loin , dans le

fond, l'on voit une guinguette où dansent plusieurs
soldats de la garde.

H. 16 p⁰., l. 14 p⁰., s. t.

PAR LE MÊME.

5o. Ce tableau représente le brave Canaris sur son
brulot, et mettant le feu à un bâtiment turc. Ce tableau
a été fait pour M. le duc de la Rochefoucault Liancourt,
et mis à l'exposition des Grecs, rue du Gros-Chenet.

H. 36 p⁰., l. 47 p⁰., s. t.

M. WALLELET, 1826. (Deux pendans.)

51 Ces charmans paysages sont certainement deux
des plus jolis tableaux du maître ; il est difficile de re-
présenter la nature avec plus de grâce et de vérité ; sur
le premier plan de l'un, l'on voit un ruisseau, sortant
d'une route pratiquée sous un monticule ; deux fem-
mes y lavent du linge. Sur la hauteur, est un groupe
d'arbres ; dans le fond du tableau, circule une rivière,
qui semble arriver et fournir l'eau au ruisseau : un ciel
orageux couvre le paysage. — L'autre représente un
paysage au soleil couchant ; au pied d'un rocher, d'où sort
un ruisseau, passe une route au bord de laquelle est une
chapelle, où une jeune fille vient de s'agenouiller pour
prier.

H. 10 p⁰., l. 13 p⁰., s. t.

GREUSE (copie d'après).

52. Portrait d'un jeune garçon.

H. 17 p⁰., l. 14 p⁰., s. t.

(20)

ÉCOLE MODERNE.

53. Vue d'une maison de campagne.

H. 8 p°., l. 10 po., s. t.

M. DELAROCHE.

54. Ce tableau représente une prairie où paissent des vaches; sur le devant, est assis près d'un saule, un pâtre qui garde un troupeau.

H. 10 p°., l. 9 p°., s. t.

FRAGONARD père (par M.)

55. Une femme surprise au lit.

H. 18 p°., l. 24 p°. s. t.

PAR LE MÊME.

56. Une femme tenant une lettre dans ses deux mains.

H. 13 p°., l. 10 p°., s. t.

DESSINS ENCADRÉS.

M. ALAUX.

57. Deux dessins faisant pendans, à la Sépia, représentant des monumens de la ville de Pestum.

PAR LE MÊME.

58. Deux autres pendans; l'un représentant des jeunes filles priant sur la tombe de leurs mères, et l'autre, deux jeunes pâtres italiens jouant de la musette devant une chapelle. (A la Sépia.)

5g. Un autre, au bistre, représentant un champ de vignes.

60. Un autre, signé Sophie, représentant le château Roderchwil (A la Sépia.)

61. Vue des ruines de l'abbaye de Marmoutiers.

MOLLIEN. (Par Mme. la comtesse.)

62. Deux pendans à la Sépia; l'un représentant des blanchisseuses, et l'autre Henri IV dans sa jeunesse, et portant la cruche de la jeune béarnaise, qui fût son premier amour.

FLEURIE. (Par M.)

63. Deux moines revenant de faire leur quête sont attaqués par des brigands

64. Vue de Clermont en Picardie, prise de Liancourt.

65. Vue de Liancourt.

66. Vue de la poste royale à Liancourt.

PINELLI. (Par)

67. Deux dessins représentant des sujets italiens.

68. Onze vues de la terre de Liancourt.

GOUACHE.

69. Vue de la fabrique de carde, prise du pavillon de Liancourt.

70. Vue de l'évêché de Beauvais.

PINELLI. (Par)

71. Une scène de brigands italiens attaquant des voyageurs.

72. Une vue de Liancourt.

73. Deux pendans, représentant des vues de Liancourt.

74. Vue d'un obélisque dans le parc de Liancourt.

75. Vue du clocher de l'église Mogneville, près Liancourt.

76. Vue de la filature de coton de Liancourt.

BALSAC. (Signé)

77. Vue du château de Liancourt en construction.

CASAS. (Par M.)

78. Un Cimetière turc.

LE MÊME.

79. Un monument de l'*ancienne grèce*.

80. Une vue de Lianconrt.

81. Vue de la fabrique de cardes de Liancourt.

82. Vue d'une fête devant le château de Liancourt.

DESSINS COLORIÉS ET ENCADRÉS.

ALAUX. (Par M.)

83. Deux pendans ; l'un deux représentant la vue d'une chaumière dans le parc de Liancourt ; l'autre, une petite chapelle au bord d'un ruisseau, aussi dans le parc de Liancourt.

84. La manufacture de Liancourt.

85. Un moulin à eau sur la rivière de Liancourt.

86. Vue de l'église et du village de Liancourt.

87. Vue de la route de Liancourt.

LAMEAU, 1823. (Par M.)

88. Vue d'un pont suspendu dans le parc de Liancourt.

DESSINS AU CRAYON ET ENCADRÉS.

CLÉMENCE KAUTZ. (Par Mlle.)

89. Charmant dessin, d'après Raphaël.

90. Un petit paysage.

SINGER, élève de l'école de Châlons. (Par M.)

91. Portrait de Mgr. le Dauphin, en uniforme de grand-amiral.

Quatre portraits provenant des prix remportés par plusieurs Élèves de l'École de Châlons, qui en ont fait hommage à M. le Duc de LAROCHEFOUCAULT.

HEUREUX, 1817. (Par M.)

92. L'Apollon du Belvéder.

PAR LE MÊME.

93. La Vénus de Médicis.

SINGER. (Par M.)

94. Un buste d'Antinoüs.

95. Une tête de guerrier, tirée du tableau de Girodet. Cette tête est à l'encre de Chine.

GRAVURES ENCADRÉES

AVANT ET APRÈS LA LETTRE, DU PREMIER CHOIX,

Gravures au burin, à l'aquatinte, manière noire, lithographies et plusieurs gravures anglaises coloriées et non coloriées.

96. Le Portrait de Louis XVI, d'après Calais, gravé par Berwick.

97. La Mort de Socrate, d'après David, gravée par Massard.

98. La Barrière de Clichi, d'après Horace Vernet, gravée par M. Chasel.

99 La Bataille d'Austerlitz, d'après M. Gérard, gravée par M. Godefroy.

100. La Cène, d'après M. Léonard de Vinci; gravée par M. Morgheen; ancienne épreuve.

101. La Femme adultère, d'après le Poussin, gravée par M. Mariage.

102. Apollon et les Muses, d'après Jules Romain, gravé par M. Massard.

103. La danse des Heures et le repos de la Sainte-Famille, d'après le Poussin, gravés par M. Morgheen.

104. Le Portrait de Mgr. le duc d'Orléans, passant la revue du 1er. régiment de hussard, d'après M. Horace Vernet, et gravé par M. Chaset.

105. Deux gravures au pointillé, représentant les moissonneurs, d'après M. d'Arçon, gravées par M. Méadons.

106. Les Trois âges, d'après M. Gérard, gravés par M. Morgheen.

107. Hippocrate, gravé par M. Massard, d'après Girodet, refusant les présens d'Artaxerce.

108. La Vierge au donataire, dite de Folique, d'après Raphaël, gravée par M. Desnoyers.

109. Deux gravures. Les Politiques, et le Payeur de rentes, d'après M. Wilk, gravé par M. Raimboch.

110. Le Soldat laboureur ; d'après M. Horace Vernet ; gravé par M. Jaset ; épreuve avant la lettre.

111. La Veuve du soldat, d'après M. Godefroy , et gravée par M. Gérard ; épreuve lettre grise.

112. La Vierge dite la Belle jardinière, d'après Raphaël, gravé par M. Desnoyers.

113. Bélisaire, d'après M. Gérard, gravé par M. Desnoyers.

114. Homère, d'après M. Gérard, gravé par M. Massard.

115. Saint-Vincent de Paul, d'après M. Monssian, gravé par M. Baqua.

116. Fénélon, d'après M. Fragouard fils , gravé par M. Baqua.

117. Le Soldat de Waterloo, par M. Horace Vernet, gravé par M. Jaset.

118. L'Enfant du régiment, d'après M. Horace Vernet, gravé par M. Jaset ; épreuve avant la lettre.

119. Moïse, d'après Philippe de Champagnon, gravé par Edelingue.

120. Le Portrait de Mlle. Mars ; d'après M. Gérard, gravé par M. Lignon.

121. Le Portrait de Mgr. le duc d'Orléans, d'après M. Gérard, gravé par M. Lignon.

122. Quatre gravures représentant le Petit physicien,

la Maîtresse d'école , l'Ecolier, la Tête de Wolf , par M. Ville père, l'homme qui a formé les plus habiles graveurs du siècle, par sa belle manière de tailler le cuivre ; et a donné le ton le plus varié des chaires et a produit les effets des étoffes de la manière la plus exacte. Les artistes le nomment le Raphaël de la gravure.

123. Un Portrait gravé au pointillé, dite Adélaïde Louise.

124. Quatre Gravures à l'eau forte, représentant des marines et paysages; gravures anglaises, dont plusieurs avant la lettre.

125. Deux *idem.*, forme ovale, représentant des vues de Londres.

GRAVURES COLORIÉES,

FRANÇAISES, ANGLAISES ET SUISSES.

126. Vue de la ville de Berne, très-bien touchée à l'aquarelle.

127. Vue d'une maison de campagne , appartenant à Mgr. le duc d'Orléans ; épreuve très-soignée à l'aquarelle.

128. Vue de la chapelle de Guillaume-Tel.

129. Deux estampes représentant les cantons de Lucerne et de Unterwaben.

130. Une cascade à travers les rochers.

131. Vue de la ville de Lucerne, gravure suisse.

132. Deux Vues des maisons de campagne de Mgr. le duc d'Orléans.

133. Vue d'une chute d'eau, gravé à l'aquatinte, et retouchée à l'aquarelle.

134. Deux Portraits, esquisse de Drouy Sforse.

135. Deux cadres renfermant 4 petites Vues d'Angleterre, forme ovale.

136. Dix Portraits de la famille de Mgr. le duc d'Orléans, par MM. Mozesse et Grivedon, richement montés.

137. La Leçon de géographie.

138. Le Relais de poste et la diligence; épreuves avant la lettre; par M. Horace Vernet.

139. Quatre Portraits, savoir: Mlle. Adélaïde Louise, le général Foi, Mme la duchesse d'Orléans, et un autre avant la lettre.

140. Vue d'un pont suspendu avec du fil de laiton.

141. Le Portrait de *Henri IV*, d'après le tableau de M. Gérard.

142. Un Convoi de blessés attaqué par des Cosaques, par M. Horace Vernet.

143. La Famille de Mgr. le duc d'Orléans se promenant en calèche dans le parc.

144. Le Portrait de M. Fentrier, évêque de Beauvais.

145. Six divers Portaits de grands personnages.

146. Lithographies des différens régimens français.

147. La Batataille de la Hogue, et la mort du général Wolf.

148. Vingt-quatre Gravures avant la lettre, du musée Robillard.

149. Collection complète de la galerie lithographiée de Mgr. le Duc d'Orléans.

MÉDAILLES.

150. Collection complète des médailles représentant les portraits des grands hommes modernes, par les meilleurs graveurs; au nombre de quatre-vingt, dans leurs médailliers en bois.

STATUES EN MARBRE.

151. Une jolie statue représentant Vénus endormie.

152. Une autre représentant une bacchante, par M. David.

153. Une autre représentant la Frileuse.

154. Une autre représentant Voltaire assis dans son fauteuil.

TABLEAUX OMIS A LEUR RANG.

DEMARNE.

155. Ce charmant tableau représente un gué que traverse une laitière montée sur son âne et précédée d'un mouton et d'une chèvre ; un pâtre, accompagné de son chien, s'avance pour parler à la femme. Ce tableau est blond de ton et du bon temps du maître.

H. 7°, l. 9°, s. b.

M. MALLET.

156. Ce joli tableau représente un jeune berger traçant sur un tombaau le serment d'amour qu'il fait à une jeune fille ; sujet tiré de Gesner.

H. 9°, l. 13°, s. t.

FIN.

IMPRIMERIE DE A. CONIAM,
Rue du Faubourg Montmartre, n. 4.

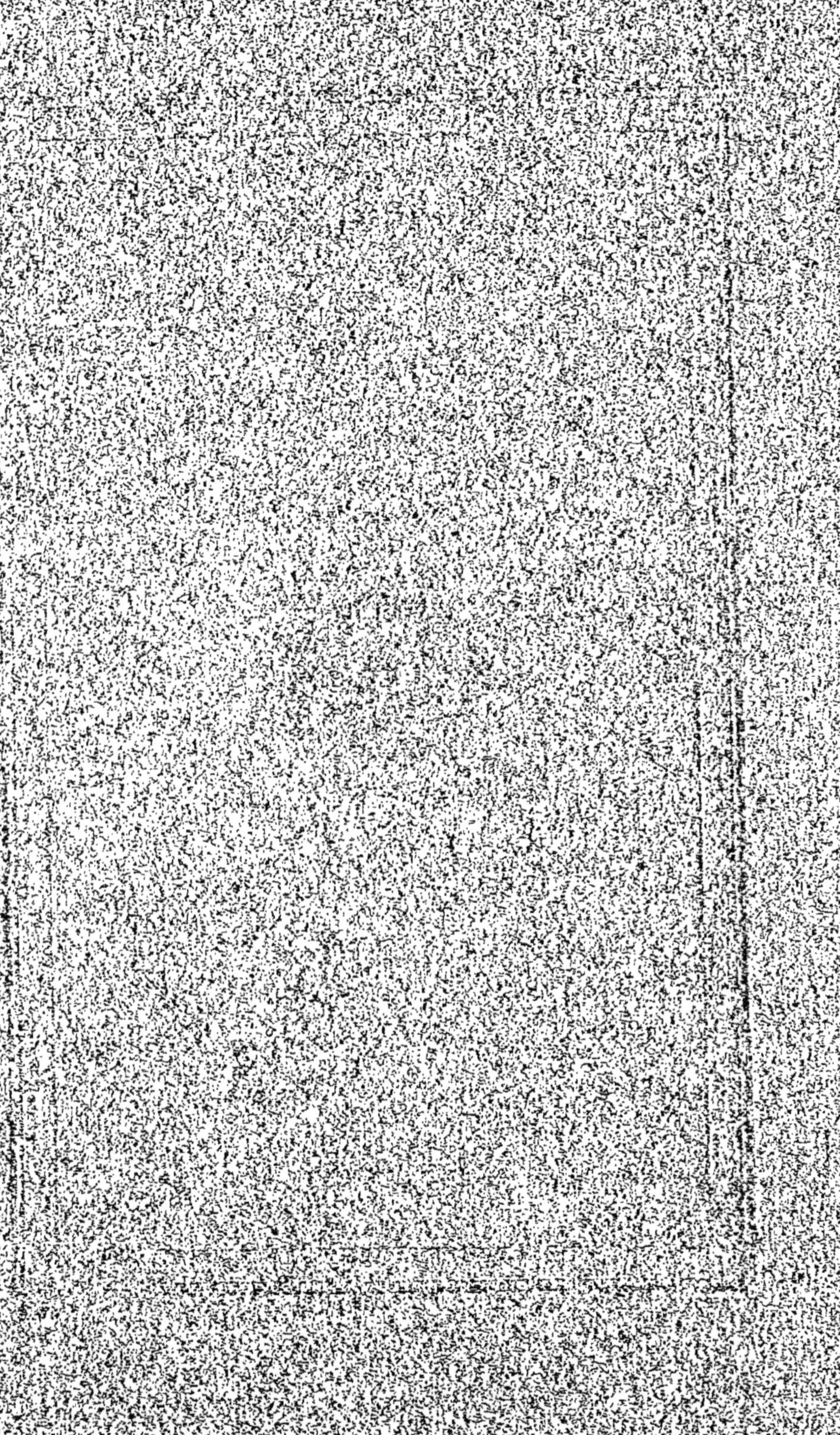

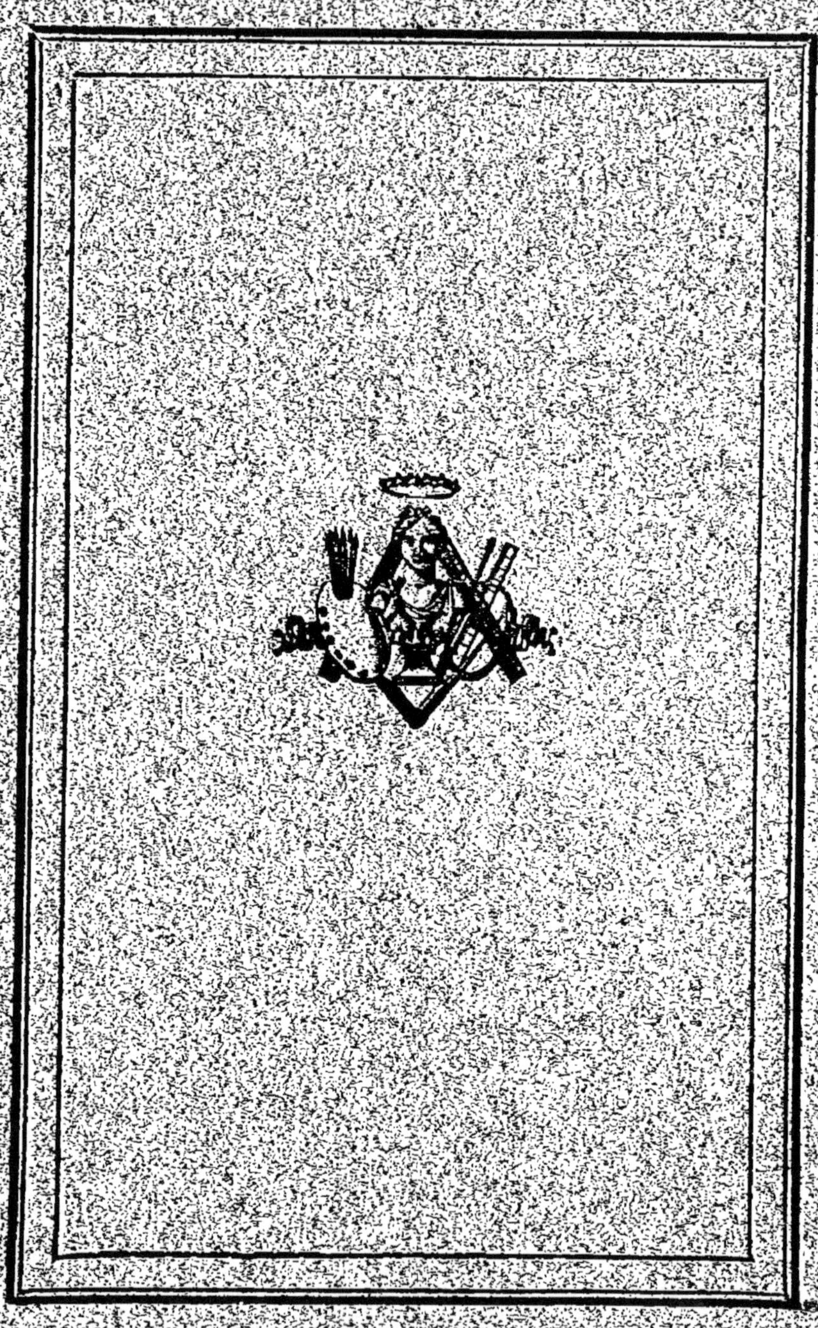